JOSÉ DE ALENCAR

Como e porque sou romancista

1893

EDITOR
Rodrigo de Faria e Silva

REVISÃO
Diogo Medeiros

PROJETO GRÁFICO E CAPA
Globaltec

DIAGRAMAÇÃO
Globaltec

IMAGEM DA CAPA
Acervo da Biblioteca Nacional

Dados Internacionais de Catalogação na Publicação (CIP)

A368c Alencar, José de
Como e porque sou romancista / José de Alencar, –
São Paulo: Faria e Silva Editora, 2020
56 p. – Tarumã

ISBN 978-65-81275-07-5

1. História e crítica literária brasileira 2. Literatura Brasileira

CDD B869.9
CDD B869

Edição do Acervo da Biblioteca Brasiliana Guita e José Mindlin utilizada para cotejo.

Este livro segue as regras do novo do acordo ortográfico.

www.fariaesilva.com.br

Rua Oliveira Dias, 330
Jardim Paulista - São Paulo – SP

JOSÉ DE ALENCAR

Como e porque sou romancista

1893

Como e porque sou romancista faz parte da coleção de trabalhos inéditos, mais ou menos incompletos, que mais tarde, sob o título geral de *Obras Póstumas*, hão de vir à luz da publicidade.

Todavia, sendo essa publicação muito morosa e difícil, entendi não dever por mais tempo conservar ocultos aos leitores certos trabalhos, que naturalmente satisfazem a curiosidade pública. Assim, antecipo hoje o aparecimento desta autobiografia literária, em que sob a forma de carta, José de Alencar expõe, singela e sinceramente, todas as circunstâncias da sua vida que, influindo-lhe no espírito, despertaram a sua extraordinária e vigorosa vocação de escritor, e principalmente de romancista.

Rio, abril de (18)93.

MARIO ALENCAR.

I

Meu amigo,

Na conversa que tivemos, há dias, exprimiu V. o desejo de colher acerca da minha peregrinação literária, alguns pormenores dessa parte íntima de nossa existência, que geralmente fica à sombra, no regaço da família, ou na reserva da amizade.

Sabendo de seus constantes esforços para enriquecer o ilustrado autor do *Dicionário Bibliográfico,* de copiosas notícias que ele dificilmente obteria a respeito de escritores brasileiros, sem a valiosa coadjuvação de tão erudito glossólogo; pensei que me não devia eximir de satisfazer seu desejo e trazer a minha pequena quota para a amortização desta dívida de nossa ainda infante literatura.

Como bem reflexionou V., há na existência dos escritores fatos comuns, do viver quotidiano, que todavia exercem uma influência notável em seu futuro, e imprimem em suas obras o cunho individual.

Estes fatos jornaleiros, que à própria pessoa muitas vezes passam despercebidos sob a monotonia do presente, formam na biografia/ao escritor a urdidura da tela, que o mundo/somente vê pela face do matiz e dos recamos.

Já me lembrei de escrever para meus filhos essa autobiografia literária, onde se acharia a história das criaturinhas enfezadas, de que, por mal de meus pecados, tenho povoado as estantes do Sr. Garnier.

Seria esse o *livro dos meus livros*. Se n'alguma hora de pachorra, me dispusesse a refazer a cansada jornada dos quarenta e quatro anos, já completos; os curiosos de anedotas literárias saberiam, além de muitas outras cousas mínimas, como a inspiração do Guarany, por mim escrito aos 27 anos, caiu na imaginação da criança de nove, ao atravessar as matas e sertões do norte em jornada do Ceará à Bahia.

Enquanto não vem ao lume do papel, que para o da imprensa ainda é cedo, essa obra futura; quero em sua intenção fazer o rascunho de um capítulo.

Será daquele, onde se referem as circunstâncias, a que atribuo a predileção de meu espírito pela forma literária do romance.

II

No ano de 1840 frequentava eu o *Colégio de Instrução Elementar*, estabelecido a rua do Lavradio n. 17, e dirigido pelo Sr. Januário Mateus Ferreira, a cuja memória eu tributo a maior veneração.

Depois daquele que é para nós meninos a encarnação de Deus e o nosso humano Criador, foi esse o primeiro homem que me incutiu respeito, em quem acatei o símbolo da autoridade.

Quando me recolho da labutação diária com o espírito mais desprendido das preocupações do presente, e sucede-me ao passar pela rua do Lavradio pôr os olhos na tabuleta do colégio que ainda lá está na sacada do n.17, mas com diversa designação; transporto-me insensivelmente aquele tempo, em que de fraque e boné, com os livros sobraçados, eu esperava ali na calçada fronteira o toque da sineta que anunciava a abertura das aulas.

Toda minha vida colegial se desenha no espírito com tão vivas cores, que parecem frescas de ontem, e todavia mais de trinta anos já lhes pairaram sobre. Vejo o enxame dos meninos, alvoroçando na loja, que servia de saguão; assisto aos manejos da cabala para a próxima eleição do monitor geral; ouço o tropel do bando que sobe as escadas, e se dispersa no vasto salão onde cada um busca o seu banco numerado.

Mas o que sobretudo assoma nessa tela é o vulto grave de Januário Mateus Ferreira, como eu o via passeando diante da classe, com um livro na mão e a cabeça reclinada pelo hábito da reflexão.

Usava ele de sapatos rinchadores; nenhum dos alunos do seu colégio ouvia de longe aquele som particular, na volta de um corredor, que não sentisse um involuntário sobressalto.

Januário era talvez ríspido e severo em demasia; porém, nenhum professor o excedeu no zelo e entusiasmo com que desempenhava o seu árduo ministério. Identificava-se com o discípulo; transmitia-lhe suas emoções e tinha o dom de criar no coração infantil os mais nobres estímulos, educando o espírito com a emulação escolástica para os grandes certames da inteligência.

Os modestos triunfos, que todos nós obremos na escola, e que não vêm ainda travados de fel como as mentidas ovações do mundo; essas primícias literárias tão puras, devo-as a ele, a meu respeitável mestre que talvez deixou em meu animo o gérmen dessa fértil ambição de correr após uma luz que nos foge ; ilusão que felizmente já dissipou-se.

Dividia-se o diretor por todas as classes embora tivesse cada uma, seu professor especial; desse modo andava sempre ao corrente do aproveitamento de seus alunos, e trazia os mestres como os discípulos em constante inspeção. Quando, nesse revezamento de lições, que ele de propósito salteava, acontecia achar atrasada alguma classe, demorava-se com ela dias e semanas, até que obtinha adiantá-la e só então a restituía ao respectivo professor.

Meado, o ano, porém, o melhor dos cuidados do diretor voltava-se para as últimas classes, que ele se esmerava em preparar para os exames. Eram estes dias de gala e de honra para o colégio, visitado por quanto havia na Corte de ilustre em política e letras.

Pertencia eu à sexta classe, e havia conquistado a frente da mesma, não por superioridade intelectual, sim por mais assídua aplicação e maior desejo de aprender.

Januário exultava a cada uma de minhas vitórias, como se fora ele próprio que estivesse no banco dos alunos a disputar-lhes o lugar, em vez de achar-se como professor dirigindo os seus discípulos.

Rara vez sentava-se o diretor; o mais do tempo levava a andar de um a outro lado da sala em passo moderado. Parecia inteiramente distraído da classe, para a qual nem volvia os olhos; e todavia nada lhe escapava. O aparente descuido punha em prova a atenção incessante que ele exigia dos alunos, e da qual sobretudo confiava a educação da inteligência.

Uma tarde ao findar a aula, houve pelo meio da classe um erro. — Adiante, disse Januário, sem altear a voz, nem tirar os olhos do livro. Não recebendo resposta ao cabo de meio minuto, repetiu a palavra, e assim de seguida mais seis vezes.

Calculando pelo número dos alunos, estava na mente de que só a sétima vez, depois de chegar ao fim da classe é que me tocava responder como o primeiro na ordem da colocação.

Mas um menino dos últimos lugares tinha saído poucos momentos antes com licença, e escapava-me esta circunstância. Assim, quando sorrindo eu esperava a palavra do professor para dar o quinhão, e ao ouvir o sétimo *adiante*, perfilei-me no impulso de responder; um olhar de Januário gelou-me a voz nos lábios.

Compreendi; tanto mais quanto o menino ausente voltava a tomar seu lugar. Não me animei a reclamar; porém creio que em minha fisionomia se estampou com a sinceridade e a energia da infância, o confrangimento de minha alma.

Meu imediato e emulo, que me foi depois amigo e colega de ano em S. Paulo, era o Aguiarsinho (Dr.

Antônio Nunes de Aguiar), filho do distinto general do mesmo nome, bela inteligência e nobre coração ceifados em flor, quando o mundo lhe abria de par em par as suas portas de ouro e pórfiro.

Ansioso aguardava ele a ocasião de se desforrar da partida que lhe eu havia ganho, depois de uma luta porfiada — Todavia não lhe acudiu a resposta de pronto; e passaria a sua vez, se o diretor não lhe deixasse tempo bastante para maior esforço do que fora dado aos outros e sobretudo a mim — Afinal ocorreu-lhe a resposta, e eu com o coração transido, cedi ao meu vencedor o lugar de honra que tinha conquistado de grão em grão, e conseguira sustentar havia mais de dois meses.

Nos trinta anos vividos desde então, muita vez fui esbulhado do fruto do meu trabalho pela mediocridade agaloada; nunca senti senão o desprezo que merecem tais pirraças da fortuna, despeitada contra aqueles que não a incensam.

Naquele momento, porém, vendo perdido o prêmio de um estudo assíduo, e mais por surpresa, do que por deficiência, saltaram-me as lagrimas que eu traguei silenciosamente, para não me abater ante a adversidade.

Nossa classe trabalhava em uma varanda ao rés do chão, cercada pelo arvoredo do quintal.

Quando, pouco antes da Ave-Maria, a sineta dava sinal da hora de encerrar as aulas, Januário fechava o livro; e com o tom breve do comando ordenava uma espécie de manobra que os alunos executavam com exatidão militar.

Por causa da distância da varanda, era quando todo o colégio já estava reunido no grande salão e os meninos em seus assentos numerados, que entrava em passo de marcha a sexta classe a cuja frente vinha eu, o mais pirralho e enfezadinho da turma em que o geral se avantajava na estatura, fazendo eu assim as vezes de um ponto.

A constância com que me conservava à frente da classe no meio das alterações que em outras se davam todos os dias, causava sensação no povo colegial; faziam-se apostas de lápis e canetas; e todos os olhos se voltavam para ver se o caturrinha do Alencar 20 (era o meu apelido colegial) tinha afinal descido de monitor de classe.

O general derrotado a quem a sua ventura reservava a humilhação de assistir a festa de vitória, jungido ao carro triunfal de seu emulo, não sorria talvez a dor que eu então curti, só com a ideia de entrar no salão, rebaixado de meu título de monitor, e rechaçado para o segundo lugar.

Se ao menos se tivesse dado o fato no começo da lição, restava-me a esperança de com algum esforço recuperar o meu posto; mas por cúmulo de infelicidade sobreviera o meu desastre justamente nos últimos momentos, quando a hora estava a findar.

Foi no meio dessas reflexões que tocou a sineta, e as suas badaladas ressoaram em minha alma como o dobre de uma campa.

Mas Januário que era acerca de disciplina colegial de uma pontualidade militar, não deu pelo aviso e amiudou as perguntas, percorrendo apressadamente a classe. Poucos minutos depois eu recobrava meu lugar, e erguia-me trêmulo para tomar a cabeça do banco.

O júbilo, que expandiu a fisionomia sempre carregada do diretor, eu próprio não o tive maior, com o abalo que sofri. Ele não se pôde conter e abraçou-me diante da classe.

Naturalmente a questão proposta e cuja solução deu-me a vitória, era difícil; e por isso atribuía-me ele um mérito, que não provinha talvez senão da sorte, para não dizer do acaso.

Momentos depois entrava eu pelo salão à frente da classe, onde me conservei até o exame.

III

Mais tarde quando a razão, como o fruto, despontou sob a flor da juventude, muitas vezes cogitei sobre esse episódio de infância, que deixara em meu espírito uma vaga dúvida a respeito do caráter de Januário.

Então o excessivo rigor que se me tinha afigurado injusto, tomava o seu real aspecto; e me aparecia como o golpe rude, mas necessário que dá têmpera ao aço. Porventura notara o diretor de minha parte uma confiança que deixava em repouso as minhas faculdades, e da qual proviera o meu descuido.

Este episódio escolástico veio aqui por demais, trazido pelo fio das reminiscências. Serve, entretanto, para mostrar-lhe o aproveitamento que deviam tirar os alunos desse método de ensino.

Sabíamos pouco; mas esse pouco, sabíamos bem. Aos onze anos não conhecia uma só palavra de língua estrangeira, nem aprendera mais do que as chamadas primeiras letras.

Muitos meninos, porém, que nessa idade tagarelam em várias línguas, e já babujam nas ciências; não recitam uma página de Frei Francisco de S. Luiz, ou uma ode do Padre Caldas, com a correção, nobreza, eloquência e alma que Januário sabia transmitir a seus alunos.

Essa prenda que a educação me deu para tomá-la pouco depois, valeu-me em casa o honroso cargo de *ledor*, com que me eu desvanecia; como nunca me sucedeu ao depois no magistério ou no parlamento.

Era eu quem lia para minha boa mãe não somente as cartas e os jornais, como os volumes de uma diminuta livraria romântica formada ao gosto do tempo.

Morávamos então na rua do Conde n. 55. Aí nessa casa preparou-se a grande revolução parlamentar que entregou ao Sr. D. Pedro II o exercício antecipado de suas prerrogativas constitucionais.

A propósito desse acontecimento histórico, deixe passar aqui nesta confidência inteiramente literária, uma observação que me açode e, se escapa agora, talvez não volte nunca mais.

Uma noite por semana, entravam misteriosamente em nossa casa os altos personagens filiados ao *Club Maiorista* de que era presidente o Conselheiro Antônio Carlos e Secretário o Senador Alencar.

Celebravam-se os serões em um aposento do fundo, fechando-se nessas ocasiões a casa às visitas habituais, a fim de que nem elas nem os curiosos da rua suspeitassem do plano político, vendo iluminada a sala da frente.

Enquanto deliberavam os membros do Club, minha boa Mãe, assistia ao preparo de chocolate com bolinholos, que era costume oferecer aos convidados por volta de nove horas, e eu, ao lado com impertinências de filho querido, insistia por saber o que ali ia fazer aquela gente.

Conforme o humor em que estava, minha boa mãe às vezes divertia-se logrando com histórias a minha curiosidade infantil; outras deixava-me falar às paredes e não se distraía de suas ocupações de dona de casa.

Até que chegava a hora do chocolate. Vendo partir carregada de tantas gulosinas a bandeja que voltava completamente destroçada; eu que tinha os convidados na conta de cidadãos respeitáveis, preocupados dos mais graves assuntos, indignava-me ante aquela devastação, e dizia com a mais profunda convicção:

— O que estes homens vêm fazer aqui é regalarem-se de chocolate.

Essa, a primeira observação do menino em cousas de política, ainda a não desmentiu a experiencia do homem. No fundo de todas as evoluções lá está o *chocolate* embora sob vários aspectos.

Ha caráteres íntegros, como o do Senador Alencar, apóstolos sinceros de uma ideia e mártires dela. Mas estes são esquecidos na hora do triunfo, quando não servem de vítimas para aplacar as iras celestes.

Suprima este mau trecho que se insinuou mau grado e contra todas as usanças em uma palestra, senão *au coin du feu*, em todo o caso aqui neste cantinho da imprensa.

Afora os dias de sessão, a sala do fundo era a estação habitual da família.

Não havendo visitas de cerimônia, sentava-se minha boa mãe e sua irmã D. Florinda com os amigos que apareciam, ao redor de uma mesa redonda de jacarandá, no centro da qual havia um candeeiro.

Minha mãe e minha tia se ocupavam com trabalhos de costuras, e as amigas para não ficarem ociosas as ajudavam. Dados os primeiros momentos à conversação, passava-se à leitura e era eu chamado ao lugar de honra.

Muitas vezes, confesso, essa honra me arrancava bem a contragosto de um sono começado ou de um folguedo querido; já naquela idade a reputação é um fardo e bem pesado.

Lia-se até a hora do chá, e tópicos havia tão interessantes que eu era obrigado à repetição. Compensavam esse excesso, as pausas para dar lugar às expansões do auditório, o qual desfazia-se em recriminações contra algum mau personagem, ou acompanhava de seus votos e simpatias o herói perseguido.

Uma noite, daquelas em que eu estava mais possuído do livro, lia com expressão uma das páginas mais comoventes da nossa biblioteca. As senhoras, de cabeça baixa, levavam o lenço ao rosto, e poucos momentos depois não puderam conter os soluços que lhes rompiam o seio.

Com a voz afogada pela comoção e a vista empanada pelas lagrimas, eu também cerrando ao peito o livro aberto, disparei em pranto e respondia com palavras de consolo às lamentações de minha mãe e suas amigas.

Nesse instante assomava à porta um parente nosso, o Revd. Padre Carlos Peixoto de Alencar, já assustado com o choro que ouvira ao entrar — Vendo-nos a todos naquele estado de aflição, ainda mais perturbou-se:

— Que aconteceu? Alguma desgraça? – perguntou arrebatadamente.

As senhoras, escondendo o rosto no lenço para ocultar do Padre Carlos o pranto e evitar os seus remoques, não proferiram palavra. Tomei eu a mim responder:

— Foi o pai de Amanda que morreu! – disse mostrando-lhe o livro aberto.

Compreendeu o Padre Carlos e soltou uma gargalhada, como ele as sabia dar, verdadeira gargalhada homérica, que mais parecia uma salva de sinos a repicarem do que riso humano. E após esta, outra e outra, que era ele inesgotável, quando ria de abundância de coração, com o gênio prazenteiro de que a natureza o dotara.

Foi essa leitura continua e repetida de novelas e romances que primeiro imprimiu em meu espírito a tendência para essa forma literária que é entre todas a de minha predileção?

Não me animo a resolver esta questão psicológica, mas creio que ninguém contestará a influência das primeiras impressões.

Já vi atribuir o gênio de Mozart e sua precoce revelação à circunstância de ter ele sido acalentado no berço e criado com música.

Nosso repertório romântico era pequeno; compunha-se de uma dúzia de obras entre as quais primavam a *Amanda e Oscar, Saint-Clair das Ilhas, Celestina* e outros de que já não me recordo.

Esta mesma escassez, e a necessidade de reler uma e muitas vezes o mesmo romance, quiçá contribuiu para mais gravar em meu espírito os moldes dessa estrutura literária, que mais tarde deviam servir aos informes esboços do novel escritor.

Mas não tivesse eu herdado de minha santa Mãe a imaginação de que o mundo apenas vê as flores, desbotadas embora, e de que eu somente sinto a chama incessante; que essa leitura de novelas mal teria feito de mim um mecânico literário, desses que escrevem presepes em vez de romances.

IV

O primeiro broto da semente que minha boa mãe lançara em meu espírito infantil, ignara dos desgostos que preparava a seu filho querido, veio dois anos depois.

Entretanto é preciso que lhe diga. Se a novela foi a minha primeira lição de literatura, não foi ela que me estreou na carreira de escritor. Este título cabe a outra composição, modesta e ligeira, e por isso mesmo mais própria para exercitar um espírito infantil.

O dom de produzir a faculdade criadora, se a tenho, foi a charada que a desenvolveu em mim, e eu teria prazer em referir-lhe esse episódio psicológico, se não fosse o receio de alongar-me demasiado, fazendo novas excursões fora do assunto que me propus.

Foi em 1842.

Já então havíamos deixado a casa da rua do Conde, e morávamos na Chácara da rua de Maruhy n.7, de onde também saíram importantes acontecimentos de nossa história política. E todavia ninguém se lembrou ainda de memorar o nome do Senador Alencar, nem mesmo por esse meio econômico de uma esquina de rua.

Não vai nisso mais que um reparo, pois sou avesso a semelhante modo de honrar a memória dos beneméritos; além de que ainda não perdi a esperança de escrever esse nome de minha veneração no frontispício de um livro que lhe sirva de monumento. O seu vulto histórico, não o atingem por certo as calúnias póstumas que sem reflexão foram acolhidas em umas páginas ditas de *história constitucional*; mas quantos dentre vós estudam conscienciosamente o passado?

Como a revolução parlamentar da maioridade, a revolução popular de 1842 também saiu de nossa casa, embora o plano definitivo fosse adotado em casa do Senador José Bento à rua do Conde 39.

Nos paroxismos, quando a abortada revolução já não tinha glórias, mas só perigos para os seus adeptos, foi na chácara do Senador Alencar que os perseguidos acharam asilo; em 1842 como em 1848.

Entre os nossos hóspedes da primeira revolução, estava o meu excelente amigo Joaquim Sombra, que tomara parte no movimento sedicioso do Exú e sertões de Pernambuco.

Contava ele então os seus vinte e poucos anos: estava na flor da mocidade, cheio de ilusões e entusiasmos. Meus versos arrebentados à força de os esticar, agradavam-lhe ainda assim, porque no fim de contas eram um arremedo de poesia; e porventura levavam um perfume da primavera da alma.

Vendo-me ele essa mania de rabiscar, certo dia propôs-me que aproveitasse para uma novela o interessante episódio da sedição, do qual era ele o protagonista.

A ideia foi aceita com fervor; e tratamos logo de a pôr em obra.

A cena era em *Pajihú de Flores*, nome que só por si enchia-me o espírito da fragrância dos campos nativos, sem falar dos encantos com que os descrevia o meu amigo.

Esse primeiro rascunho foi-se com os folguedos da infância que o viram nascer. Das minhas primícias literárias nada conservo; lancei-as ao vento, como palhiço que eram da primeira copa.

Não acabei o romance do meu amigo Sombra; mas em compensação de não tê-lo feito herói de um poema, coube-me, vinte sete anos depois, a fortuna mais prosaica de nomeá-lo coronel, posto que ele dignamente ocupa e no qual presta relevantes serviços à causa pública.

Um ano depois parti para S. Paulo, onde ia estudar os preparatórios que me faltavam para a matrícula no curso jurídico.

V

Com a minha bagagem, lá no fundo da canastra, iam uns cadernos escritos em letra miúda e conchegada. Eram o meu tesouro literário.

Ali estavam fragmentos de romances, alguns apenas começados, outros já no desfecho, mas ainda sem princípio.

De charadas e versos nem lembrança. Estas flores efêmeras das primeiras águas tinham passado com elas. Rasgara as páginas dos meus canhenhos e atirara os fragmentos no turbilhão das folhas secas das mangueiras, a cuja sombra folgara aquele ano feliz de minha infância.

Nessa época tinha eu dois moldes para o romance.

Um merencório, cheio de mistérios e pavores; esse, o recebera das novelas que tinha lido. Nele a cena começava nas ruínas de um castelo, amortalhadas pelo baço clarão da lua; ou n'alguma capela gótica frouxamente esclarecida pela lâmpada, cuja luz esbatia-se na lousa de uma campa.

O outro molde, que me fora inspirado pela narrativa pitoresca do meu amigo Sombra, era risonho, loução, brincado, recendendo graças e perfumes agrestes. Aí a cena abria-se em uma campina, marchetada de flores, e regada pelo sussurrante arroio que a bordava de recamos cristalinos.

Tudo isto porém era esfumilho que mais tarde devia apagar-se.

A página acadêmica é para mim, como para os que a viveram, riquíssima de reminiscências, e nem podia ser de outra forma, pois abrange a melhor monção da existência.

Não tomarei dela porém senão o que tem relação com esta carta.

Ao chegar a S. Paulo era eu uma criança de treze anos, cometida aos cuidados de um parente, então estudante do terceiro ano, e que atualmente figura com lustre na política e na magistratura.

Algum tempo depois de chegado, instalou-se a nossa república ou comunhão acadêmica à rua de S. Bento, esquina da rua da Quitanda, em um sobradinho acachapado, cujas lojas do fundo eram ocupadas por quitandeiras.

Nossos companheiros foram dois estudantes do quinto ano; um deles já não é deste mundo; o outro pertence à alta magistratura, de que é ornamento. Naqueles bons tempos da mocidade, deleitava-o a literatura, e era entusiasta do Dr. Joaquim Manoel de Macedo que pouco havia publicara o seu primeiro e gentil romance — *A Moreninha*.

Ainda me recordo das palestras em que o meu companheiro de casa falava com abundâncias de coração em seu amigo e nas festas campestres do romântico Itaborahy, das quais o jovem escritor era o ídolo querido.

Nenhum dos ouvintes bebia esses pormenores com tamanha avidez como eu, para quem eram eles completamente novos. Com a timidez e o acanhamento de meus treze anos, não me animava a intervir na palestra; escutava a parte; e por isso ainda hoje tenho-as gravadas em minhas reminiscências, a estas cenas do viver escolástico.

Que estranho sentir não despertava em meu coração adolescente a notícia dessas homenagens de admiração e respeito tributados ao jovem autor da *Moreninha* Qual régio diadema valia essa aureola de entusiasmo a cingir o nome de um escritor?

Não sabia eu então que em meu país essa luz, que dizem glória, e de longe se nos afigura radiante e esplêndida, não é senão o baço lampejo de um fogo de palha.

Naquele tempo o comércio dos livros era como ainda hoje artigo de luxo; todavia, apesar de mais baratas, as obras literárias tinham menor circulação. Provinha isso da escassez das comunicações com a Europa, e da maior raridade de livrarias e gabinetes de leitura.

Cada estudante porém, levava consigo a modesta provisão que juntara durante as férias, e cujo uso entrava logo para a comunhão escolástica. Assim correspondia S. Paulo às honras de sede de uma *academia*, tornando-se o centro do movimento literário.

Uma das livrarias, a que maior cabedal trazia à nossa comum biblioteca, era de Francisco Octaviano, que herdou do pai uma escolhida coleção das obras dos melhores escritores da literatura moderna, a qual o jovem poeta não se descuidava de enriquecer com as últimas publicações.

Meu companheiro de casa era dos amigos de Octaviano, e estava no direito de usufruir sua opulência literária. Foi assim que um dia vi pela primeira vez o volume das obras completas de Balzac, nessa edição em folha que os tipógrafos da Bélgica vulgarizam por preço módico.

As horas que meu companheiro permanecia fora, passava-as eu com o volume na mão, a reler os títulos de cada romance da coleção; hesitando na escolha daquele por onde havia de começar. Afinal decidia-me por um dos mais pequenos; porém, mal começada a leitura, desistia ante a dificuldade.

Tinha eu feito exame de francês a minha chegada em S. Paulo e obtivera aprovação plena, traduzindo uns trechos do Telêmaco e da Henriqueida; mas, ou soubesse eu de oitiva a versão que repeti, ou o francês de Balzac não se parecesse em nada com o de Fenelon e Voltaire; o caso é que não conseguia compreender um período de qualquer dos romances da coleção.

Todavia achava eu um prazer singular em percorrer aquelas páginas, e por um ou outro fragmento de ideia que podia colher nas frases indecifráveis, imaginava os tesouros, que ali estavam defesos à minha ignorância.

Conto-lhe este pormenor para que veja quão descurado foi o meu ensino de francês, falta que se deu em geral com toda a minha instrução secundária, a qual eu tive de refazer na máxima parte, depois de concluído o meu curso de direito, quando senti a necessidade de criar uma individualidade literária.

Tendo meu companheiro concluído a leitura de Balzac, a instâncias minhas, passou-me o volume, mas constrangido pela oposição de meu parente que receava dessa diversão.

Encerrei-me com o livro, e preparei-me para a luta. Escolhido o mais breve dos romances, armei-me do dicionário, e tropeçando a cada instante, buscando significados de palavra em palavra, tornando atrás para reatar o fio da oração; arquei sem esmorecer com a improba tarefa. Gastei oito dias com a *Grenadière*, porém um mês depois acabei o volume de Balzac; e no resto do ano li o que então havia de Alexandre Dumas e Alfredo de Vigny, além de muito de Chateaubriand e Victor Hugo.

A escola francesa, que eu então estudava nesses mestres da moderna literatura, achava-me preparado para ela. O molde do romance, qual m'o havia revelado por mera casualidade aquele arrojo de criança a tecer uma novela com os fios de uma ventura real; fui encontrá-lo fundido com a elegância e beleza que jamais lhe poderia dar.

E aí está, porque justamente quando a sorte me deparava o modelo a imitar, meu espírito desquitava-se dessa, a primeira e a mais cara de suas aspirações, para devanear por outras devesas literárias, onde brotam flores mais singelas e modestas.

O romance, como eu agora o admirava, poema da vida real, me aparecia na altura dessas criações sublimes, que a Providência só concede aos semideuses do pensamento; e que os simples mortais não podem ousar, pois arriscam-se a derreter-lhes o sol, como a Ícaro, as penas de cisne grudadas com cera.

Os arremedos de novelas, que eu escondia no fundo do meu baú, desprezei-os ao vento. Pesa-me ter destruído as provas desses primeiros tentames que seriam agora relíquias para meus filhos, e estímulos para fazerem melhor. Só por isso; que de valor literário não tinham nem ceitil.

Os dois primeiros anos que passei em S. Paulo, foram para mim de contemplação e recolhimento de espírito. Assistia arredio ao bulício acadêmico; e familiarizava-me de parte com esse viver original, inteiramente desconhecido para mim, que nunca fora pensionista de colégio, nem havia até então deixado o regaço da família.

As palestras à mesa do chá; as noites de *cinismo* conversadas até o romper d'alva entre a fumaça dos cigarros; as anedotas e aventuras da vida acadêmica, sempre repetidas; as poesias clássicas da literatura paulistana e as cantigas tradicionais do povo estudante; tudo isto sugava o meu espírito adolescente, como a tenra planta que absorve a limpa, para mais tarde desabrochar a talvez pálida florinha.

Depois vinham os discursos recitados nas solenidades escolares, alguma nova poesia de Octaviano; os brindes nos banquetes de estudantes; o aparecimento de alguma obra recentemente publicada na Europa; e outras novidades literárias, que agitavam a rotina do nosso viver habitual e comoviam um instante a colônia acadêmica.

Não me recordo de qualquer tentame literário de minha parte até fins de 1844.

Os estudos de filosofia e história preenchiam o melhor de meu tempo, e de todo me atraíam.

O único tributo que paguei então à moda acadêmica, foi o das citações. Era nesse ano de bom tom ter de memória frases e trechos escolhidos dos melhores autores, para repeti-los à propósito.

Vistos de longe, e através da razão, esses arremedos de erudição, arranjados com seus remendos alheios, nos parecem ridículos; e, todavia, é esse jogo de imitação que primeiro imprime ao espírito a flexibilidade, como ao corpo o da ginástica.

Em 1845 voltou-me o prurido de escritor; mas esse ano foi consagrado à mania que então grassava de *baironisar*. Todo estudante de alguma imaginação queria ser um Byron; e tinha por destino inexorável copiar ou traduzir o bardo inglês.

Confesso que não me sentia o menor jeito para essa transfusão; talvez pelo meu gênio taciturno e concentrado, que já tinha em si melancolia de sobejo, para não carecer desse empréstimo. Assim é que nunca passei de algumas peças ligeiras, das quais não me figurava herói e nem mesmo autor; pois divertia-me em escrevê-las com o nome de Byron, Hugo, ou Lamartine nas paredes de meu aposento à rua de S. Tereza, onde alguns camaradas daquele tempo, ainda hoje meus bons amigos, os Drs. Costa Pinto e José Brusque, talvez se recordem de as terem lido.

Era um desacato aos ilustres poetas atribuir-lhes versos de confecção minha; mas a brocha do caiador, incumbido de limpar a casa pouco tempo depois de minha partida, vingou-os desse inocente estratagema, com que nesse tempo eu libava a delícia mais suave para o escritor: ouvir ignoto o louvor de seu trabalho.

Que satisfação íntima não tive eu, quando um estudante, que era então o inseparável amigo de Octaviano e seu irmão em letras, mas hoje chama-se o Barão de Ourem, releu com entusiasmo uma dessas poesias, seduzido sem dúvida, pelo nome do pseudo-autor! É natural que hoje nem se lembre desse pormenor; e mal saiba que de todos os cumprimentos que depois recebi de sua cortesia, nenhum valia aquele espontâneo movimento.

Os dois anos seguintes pertencem à imprensa periódica. Em outra ocasião escreverei esta, uma das páginas mais agitadas da minha adolescência. Daí datam as primeiras raízes de jornalista; como todas as manifestações de minha individualidade, essa também se iniciou no período orgânico.

O único homem novo e quase estranho que nasceu em mim com a virilidade, foi o político. Ou não tinha vocação para essa carreira, ou considerava o governo do estado coisa tão importante e grave, que não me animei nunca a ingerir-me nesses negócios. Entretanto eu saía de uma família para quem a política era uma religião, e onde se haviam elaborado grandes acontecimentos de nossa história.

Fundamos, os primeiranistas de 1846, uma revista semanal sob o título — *Ensaios Literários*.

Dos primitivos colaboradores desse periódico, saudado no seu aparecimento por Octaviano e Olímpio Machado, já então redatores da *Gazeta Oficial*, faleceu ao terminar o curso o Dr. Araújo, inspirado poeta. Os outros aí andam dispersos pelo mundo. O Dr. José Machado Coelho de Castro é presidente do Banco do Brasil; o Dr. João Guilherme Whitaker é juiz de direito em S. João do Rio Claro, e o conselheiro João de Almeida Pereira, depois de ter luzido no ministério e no parlamento, repousa das lides políticas no remanso da vida privada.

VI

Foi somente em 1848 que ressurgiu em mim a veia do romance.

Acabava de passar dois meses em minha terra natal. Tinha me repassado das primeiras e tão fagueiras recordações da infância, ali nos mesmos sítios queridos onde nascera.

Em Olinda onde estudava meu terceiro ano e na velha biblioteca do convento de S. Bento a ler os cronistas da era colonial; desenhavam-se a cada instante na tela das reminiscências, as paisagens do meu pátrio Ceará.

Eram agora os seus tabuleiros gentis; logo após as várzeas amenas e graciosas; e por fim as matas seculares que vestiam as serras como a ararroia verde do guerreiro tabajara.

E através destas também esfumavam-se outros painéis, que me representavam o sertão em todas as suas galas de inverno, as selvas gigantes que se prolongam até os Andes, os rios caudalosos que avassalam o deserto, e o majestoso S. Francisco transformado em um oceano, sobre o qual eu navegara um dia.

Cenas estas que eu havia contemplado com olhos de menino dez anos antes, ao atravessar essas regiões em jornada do Ceará à Bahia; e que agora se debuxavam na memória do adolescente, e coloriam-se ao vivo com as tintas frescas da palheta cearense.

Uma coisa vaga e indecisa, que devia parecer-se com o primeiro broto do Guarany ou de Iracema, flutuava-me na fantasia. Devorando as páginas dos alfarrábios de notícias coloniais, buscava com sofreguidão um tema para o meu romance; ou pelo menos um protagonista, uma cena e uma época.

Recordo-me de que para o martírio do Padre Francisco Pinto, morto pelos índios do Jaguaribe, se volvia meu espírito com predileção. Intentava eu figurá-lo na mesma situação em que se achou o Padre Anchieta, na praia de Iperoig; mas sucumbindo afinal à tentação. A luta entre o apóstolo e o homem, tal seria o drama, para o qual de certo me faleciam as forças.

Atualmente que, embora em cena diversa, já tratei o assunto em um livro próximo a vir a lume; posso avaliar da dificuldade da empresa.

Súbito todas aquelas lucubrações literárias apagaram-se em meu espírito. A moléstia tocara-me com sua mão descarnada; e deixou-me uma espécie de terror da solidão em que tanto se deleitava o meu espírito, e onde se embalavam as cismas e devaneios de fantasia. Foi quando desertei de Olinda, onde só tinha casa de estado, e aceitei a boa hospitalidade de meu velho amigo Dr. Canarim, então colega de ano e um dos seis da colônia paulistana, a que também pertenciam o conselheiro Jesuíno Marcondes e o Dr. Luiz Alvares.

Dormiram as letras, e creio que também a ciência, um sono folgado. De pouco se carecia para fazer então em Olinda um exame sofrível e obter a aprovação plena. Em novembro regressei à Corte com a certidão precisa para a matricula do 4º ano. Tinha pois cumprido o meu dever.

Nessas férias, enquanto se desenrolava a rebelião de que eu vira o assomo e cuja catástrofe chorei com os meus, refugiei-me da tristeza que envolvia nossa casa, na literatura amena.

Com as minhas bem parcas sobras, tomei uma assinatura em um gabinete de leitura que então havia à Rua da Alfândega, e que possuía copiosa coleção das melhores novelas e romances até então saídos dos prelos franceses e belgas.

Nesse tempo, como ainda hoje, gostava do mar; mas naquela idade as predileções têm mais vigor e são paixões. Não somente a vista do oceano, suas majestosas perspectivas, a magnitude de sua criação, como também a vida marítima, essa temeridade do homem em luta com o abismo, me enchiam de entusiasmo e admiração.

Tinha em um ano atravessado o oceano quatro vezes, e uma delas no brigue-escuna *Laura* que me transportou do Ceará ao Recife com uma viagem de onze dias, a vela. Essas impressões recentes alimentavam a minha fantasia.

Devorei os romances marítimos de Walter Scott e Cooper, um após outro; passei aos do Capitão Marryat e depois a quantos se tinham escrito desse gênero, pesquisa em que me ajudava o dono do gabinete, um francês, de nome Cremieux, se bem me recordo, o qual tinha na cabeça toda a sua livraria.

Li nesse decurso muita cousa mais: o que me faltava de Alexandre Dumas e Balzac, o que encontrei de Arlincourt, Frederico Soulié, Eugênio Sue e outros. Mas nada valia para mim as grandiosas marinhas de Scott e Cooper e os combates heróicos de Marryat.

Foi então, fazem agora vinte e seis anos, que formei o primeiro esboço regular de um romance, e meti ombros à empresa com infatigável porfia. Enchi rimas de papel que tiveram a má sorte de servir de mecha para acender o cachimbo.

Eis o caso. Já formado e praticante no escritório do Dr. Caetano Alberto, passava eu o dia, ausente de nossa chácara à rua do Maruhy n.7 A.

Meus queridos manuscritos, o mais precioso tesouro para mim, eu os trancara na cômoda; como, porém, tomassem o lugar da roupa, os tinham, sem que eu soubesse, arrumado na estante.

Daí, um desalmado hóspede, todas as noites quando queria pitar, arrancava uma folha, que torcia a modo de pavio e acendia na vela. Apenas escaparam ao incendiário alguns capítulos em dois canhenhos, cuja letra miúda a custo se distingue no borrão de que a tinta, oxidando-se com o tempo, saturou o papel.

Tinha esse romance por título — *Os Contrabandistas*. Sua feitura havia de ser consoante à inexperiência de um moço de 18 anos, que nem possuía o gênio precoce de Victor Hugo, nem tinha outra educação literária, senão essa superficial e imperfeita, bebida em leituras a esmo. Minha ignorância dos estudos clássicos era tal, que eu só conhecia Virgílio e Horácio, como pontos difíceis do exame de latim, e de Homero apenas sabia o nome e a reputação.

Mas o traço dos *Contrabandistas*, como o gizei aos 18 anos, ainda hoje o tenho por um dos melhores e mais felizes de quantos me sugeriu a imaginação. Houvesse editor para as obras de longo fôlego, que já essa andaria a correr mundo, de preferência a muitas outras que dei a estampa nestes últimos anos.

A variedade dos gêneros que abrangia este romance, desde o idílio até a epopeia, era o que sobretudo me prendia e agradava. Trabalhava, não pela ordem dos capítulos, mas destacadamente esta ou aquela das partes em que se dividia a obra. Conforme a disposição do espírito e a veia da imaginação, buscava entre todos o episódio que mais se moldava às ideias do momento. Tinha para não me perder nesse dédalo o fio da ação que não cessava de percorrer.

A estas circunstâncias atribuo ter o meu pensamento, que eu sempre conheci ávido de novidade, se demorado nesse esboço por tanto tempo; pois, quatro anos depois, já então formado, ainda era aquele o tema único de meus tentames no romance; e se alguma outra ideia despontou, foi ela tão pálida e efêmera que não deixou vestígios.

VII

Eis-me de repente lançado no turbilhão do mundo.

Ao cabo de quatro anos de tirocínio na advocacia, a imprensa diária, na qual apenas me arriscara como folhetinista, arrebatou-me. Em fins de 1856 achei-me redator chefe do *Diário do Rio de Janeiro*.

É longa a história dessa luta, que absorveu cerca de três dos melhores anos de minha mocidade. Aí se acrisolaram as audácias que desgostos, insultos, nem ameaças conseguiram quebrar até agora; antes parece que as afiam com o tempo.

Ao findar o ano, houve ideia de oferecer aos assinantes da folha, um mimo de festa. Saiu um romancete, meu primeiro livro, se tal nome cabe a um folheto de 60 páginas.

Escrevi *Cinco minutos* em meia dúzia de folhetins que iam saindo na folha dia por dia, e que foram depois tirados em avulso sem nome do autor. A prontidão com que em geral antigos e novos assinantes reclamavam seu exemplar, e a procura de algumas pessoas que insistiam por comprar a brochura, somente destinada à distribuição gratuita entre os subscritores do jornal; foi a única, muda, mas real, animação que recebeu essa primeira prova.

Bastou para suster a minha natural perseverança. Tinha leitores e espontâneos, não iludidos por falsos anúncios. Os mais pomposos elogios não valiam, e nunca valerão para mim, essa silenciosa manifestação, ainda mais sincera nos países como o nosso de opinião indolente.

Logo depois do primeiro ensaio, veio a *Viuvinha*. Havia eu em época anterior começado este romancete, invertendo a ordem cronológica dos acontecimentos. Deliberei porém mudar de plano, e abri a cena com o princípio da ação.

Tinha eu escrito toda a primeira parte, que era logo publicada em folhetins; e contava aproveitar na segunda o primitivo fragmento; mas quando o procuro, dou pela falta.

Sabidas as contas, Leonel[1] que era então o encarregado da revista semanal, *Livro do domingo,* como ele a intitulou; achando-se um sábado em branco pediu-me alguma coisa com que encher o rodapé da fo-

1 Conselheiro Leonel de Alencar, hoje Barão de Alencar.

lha. Ocupado com outros assuntos, deixei que buscasse entre os meus borrões. No dia seguinte lograva ele aos leitores dando-lhes em vez da habitual palestra, um conto. Era este o meu princípio de romance ao qual ele tinha posto, com uma linha de reticências e duas de prosa, um desses súbitos desenlaces que fazem o efeito de uma guilhotina literária.

Fatigado do trabalho da véspera, urgido pelas ocupações do dia, em constantes tribulações, nem sempre podia eu passar os olhos por toda a folha.

Nesse domingo não li a revista, cujo teor já me era conhecido, pois saíra-me da pasta.

Imagine, como fiquei, em meio de um romance, cuja continuação o leitor já conhecia oito dias antes. Que fazer? Arrancar do *Livro do domingo*, as páginas já publicadas? Podia-o fazer; pois o folhetinista não as dera como suas, e deixara entrever o autor; mas fora matar a ilusão.

Daí veio o abandono desse romancete, apesar dos pedidos que surgiam a espaços, instando pela conclusão. Só três anos depois, quando meu amigo e hoje meu cunhado Dr. Joaquim Bento de Souza Andrade, quis publicar uma segunda edição de *Cinco Minutos*, escrevi eu o final da *Viuvinha*, que faz parte do mesmo volume.

O desgosto que me obrigou a truncar o segundo romance, levou-me o pensamento para um terceiro, porém este já de maior fôlego. Foi o Guarany, que escrevi dia por dia para o folhetim do *Diário*, entre os meses de fevereiro e abril de 1857, se bem me recordo.

No meio das labutações do jornalismo, oberado não somente com a redação de uma folha diária, mas com a administração da empresa, desempenhei-me da tarefa que me impusera, e cujo alcance eu não medira ao começar a publicação, apenas com os dois primeiros capítulos escritos.

Meu tempo dividia-se desta forma. Acordava por assim dizer na mesa do trabalho; e escrevia o resto do capítulo começado no dia antecedente para enviá-lo à tipografia. Depois do almoço entrava por novo capítulo, que deixava em meio. Saía então para fazer algum exercício antes do jantar no Hotel de Europa. À tarde, até nove ou dez horas da noite, passava no escritório da redação, onde escrevia o artigo editorial e o mais que era preciso.

O resto do serão era repousar o espírito dessa árdua tarefa jornaleira, em alguma distração, como o teatro e as sociedades.

Nossa casa no Largo do Rocio n. 73 estava em reparos. Trabalhava eu num quarto do segundo andar, ao estrepito do martelo, sobre uma banquinha de cedro que apenas chegava para o mister da escrita; e onde a minha velha caseira Ângela servia-me o parco almoço. Não tinha comigo um livro; e socorria-me unicamente a um canhenho, em que havia em notas o fruto de meus estudos sobre a natureza e os indígenas do Brasil.

Disse alguém, e repete-se por aí de oitiva que o Guarany é um romance ao gosto de Cooper. Se assim fosse, haveria coincidência, e nunca imitação; mas não é. Meus escritos se parecem tanto com os do ilustre romancista americano, como as várzeas do Ceará com as margens do Delaware.

A impressão profunda que em mim deixou Cooper foi, já lhe disse, como poeta do mar. Dos *Contrabandistas,* sim, poder-se-ia dizer, apesar da originalidade da concepção, que foram inspiradas pela leitura do *Piloto,* do *Corsário Vermelho,* do *Varredor do Mar* etc. Quanto à poesia americana, o modelo para mim ainda hoje é Chateaubriand; mas o mestre que eu tive, foi esta esplêndida natureza que me envolve, e particularmente a magnificência dos desertos que eu perlustrei ao entrar na adolescência, e foram o pórtico majestoso por onde minha alma penetrou no passado de sua pátria.

Daí, desse livro secular e imenso, é que eu tirei as páginas do *Guarany,* as de *Iracema,* e outras muitas que uma vida não bastaria a escrever. Daí e não das obras de Chateaubriand, e menos das de Cooper, que não eram senão a cópia do original sublime, que eu havia lido com o coração.

O Brasil tem, como os Estados Unidos, e quaisquer outros povos da América, um período de conquista, em que a raça invasora destrói a raça indígena. Essa luta apresenta um caráter análogo, pela semelhança dos aborígenes. Só no Peru e México difere.

Assim o romancista brasileiro que buscar o assunto do seu drama nesse período da invasão, não pode escapar ao ponto de contato com o escritor americano. Mas essa aproximação vem da história, é fatal, e não resulta de uma imitação.

Se Chateaubriand e Cooper não houvessem existido, o romance americano havia de aparecer no Brasil a seu tempo.

Anos depois de escrito o *Guarany*, reli Cooper a fim de verificar a observação dos críticos e convenci-me de que ela não passa de um rojão. Não há no romance brasileiro um só personagem de cujo tipo se encontre o molde nos *Mohicanos*, *Espião*, *Outario*, *Sapadores* e *Leonel Lincoln*.

No *Guarany* derrama-se o lirismo de uma imaginação moça, que tem como a primeira rama o vício da exuberância; por toda a parte a limpa, pobre de seiva, brota em flor ou folha. Nas obras do iminente romancista americano, nota-se a singeleza e parcimônia do prosador, que se não deixa arrebatar pela fantasia, antes a castiga.

Cooper considera o indígena sob o ponto de vista social; e na descrição dos seus costumes foi *realista*; apresentou-o sob o aspecto vulgar.

No *Guarany* o selvagem é um ideal, que o escritor intenta poetizar, despindo-o da crosta grosseira de que o envolveram os cronistas, e arrancando-o ao ridículo que sobre ele projetam os restos embrutecidos da quase extinta raça.

Mas Cooper descreve a natureza americana, dizem os críticos. E que havia ele de descrever, senão a cena do seu drama? Antes dele Walter Scott deu o modelo dessas paisagens a pena, que fazem parte da cor local.

O que se precisa examinar é se as descrições do *Guarany* têm algum parentesco ou afinidade com as descrições de Cooper; mas isso não fazem os críticos, porque dá trabalho e exige que se pense. Entretanto basta o confronto para conhecer que não se parecem nem no assunto, nem no gênero e estilo.

A edição avulsa que se tirou do *Guarany*, logo depois de concluída a publicação em folhetim, foi comprada pela livraria do Brandão por um conto e quatrocentos mil reis que cedi à empresa. Era essa edição de mil exemplares; porém trezentos estavam truncados, com as vendas de volumes que se faziam à formiga na tipografia. Restavam, pois, setecentos, saindo o exemplar a 2$000.

Foi isso em 1857. Dois anos depois comprava-se o exemplar a 5$000 e mais, nos belchiores que o tinham a cavalo do cordel, embaixo dos arcos do Paço; de onde o tirou o Xavier Pinto para sua livraria da rua dos Ciganos. A indiferença, senão o pretencioso desdém da roda literária, o tinha deixado cair nas pocilgas dos alfarrabistas.

Durante todo esse tempo e ainda muito depois, não vi na imprensa qualquer elogio, crítica ou simples notícia do romance, a não ser em uma folha do Rio Grande do Sul, como razão para a transcrição dos folhetins. Reclamei contra esse abuso que cessou; mas posteriormente soube que se aproveitou a composição já adiantada para uma tiragem avulsa. Com esta anda atualmente a obra na sexta edição.

Na bela introdução que Mendes Leal escreveu ao seu *Calabar,* se extasiava ante os tesouros da poesia brasileira, que ele supunha completamente desconhecidos para nós. "*E tudo isto oferecido ao romancista, virgem, intacto, para escrever, para animar, para reviver."*

Que ele o dissesse não há estranhar; pois ainda hoje os literatos portugueses não conhecem da nossa literatura, senão o que se lhes manda de encomenda com um ofertório de mirra e incenso. Do mais não se ocupam; uns por economia, outros por desdém. O Brasil é um mercado para seus livros e nada mais.

Não se compreende porém que uma folha brasileira, como era o *Correio Mercantil*, anunciando a publicação do *Calabar*, insistisse na ideia de ser essa obra uma primeira lição do romance nacional dada aos escritores brasileiros, e não advertisse que dois anos antes um compatriota e seu ex-redator se havia estreado nessa província literária.

"*Há muito que o autor pensava na tentativa de criar no Brasil para o Brasil um gênero de literatura para que ele parece tão afeito e que lhe pode fazer serviços reais.*" Quando Mendes Leal escrevia em Lisboa estas palavras o romance americano já não era uma novidade para nós; e tinha no *Guarany* um exemplar, não arreiado dos primores do *Calabar*, porém incontestavelmente mais brasileiro.

VIII

Hoje em dia quando surge algum novel escritor, o aparecimento de seu primeiro trabalho é uma festa, que celebra-se na imprensa com luminárias e fogos de vistas. Rufam todos os tambores do jornalismo, e a literatura forma parada e apresenta armas ao gênio triunfante que sobe ao Panteão.

Compare-se essa estrada, tapeçada de flores, com a rota aspérrima que eu tive de abrir, através da indiferença e do desdém, desbravando as urzes da intriga e da maledicência.

Outros romances é de crer que sucedessem ao *Guarany* no folhetim do *Diário*; se meu gosto não se voltasse então para o teatro. De outra vez falarei da feição dramática de minha vida literária; e contarei como e porque veio-me essa fantasia. Aqui não se trata senão do romancista.

Em 1862 escrevi *Luciola,* que editei por minha conta e com o maior sigilo. Talvez não me animasse a esse cometimento, se a venda da segunda e terceira edição ao Sr. Garnier, não me alentasse a confiança, provendo-me de recursos para os gastos da impressão.

O aparecimento de meu novo livro fez-se com a etiqueta, ainda hoje em voga, dos anúncios e remessa de exemplares à redação dos jornais. Entretanto toda a imprensa diária resumiu-se nesta notícia de um laconismo esmagador, publicada pelo *Correio Mercantil*: «Saiu à luz um livro intitulado *Luciola.*» Uma folha de caricaturas trouxe algumas linhas pondo ao romance taxas de francesia.

Há de ter ouvido algures, que eu sou um mimoso do público, cortejado pela imprensa, cercado de uma voga de favor, vivendo da falsa e ridícula idolatria à um nome oficial. Aí tem as provas cabais; e por elas avalie dessa nova conspiração do despeito que veio substituir a antiga conspiração do silêncio e da indiferença.

Apesar do desdém da crítica de barrete, *Luciola* conquistou seu público, e não somente fez caminho como ganhou popularidade. Em um ano esgotou-se a primeira edição de mil exemplares, e o Sr. Garnier comprou-me a segunda, propondo-me tomar em iguais condições outro perfil de mulher, que eu então gizava.

Por esse tempo fundou a sua *Biblioteca Brasileira,* o meu amigo Sr. Quintino Bocaiuva, que teve sempre um fraco pelas minhas sensaborias literárias. Reservou-me um de seus volumes; e pediu-me com que enchê-lo. Além de esboços e fragmentos, não guardava na pasta senão uns dez capítulos de romance começado.

Aceitou-os, e em boa hora os deu a lume; pois esse primeiro tomo desgarrado excitou alguma curiosidade que induziu o Sr. Garnier a editar a conclusão. Sem aquela insistência de Quintino Bocaiuva, *As Minas do Prata,* obra de maior traço, nunca sairia da crisálida, e os capítulos já escritos estariam fazendo companhia aos *Contrabandistas.*

De volta de S. Paulo, onde fiz uma excursão de saúde, e já em férias de política, com a dissolução de 13 de maio de 1863, escrevi *Diva,* que saiu a lume no ano seguinte, editada pelo Sr. Garnier.

Foi dos meus romances, — e já andava no quinto, não contando o volume das *Minas de Prata* — o primeiro que recebeu hospedagem da imprensa diária, e foi acolhido com os cumprimentos banais da cortesia jornalística. Teve mais: o Sr. H. Muzio consagrou-lhe no *Diário do Rio* um elegante folhetim, mas de amigo que não de crítico.

Pouco depois (20 de junho de 1864) deixei a existência descuidosa e solteira para entrar na vida da família onde o homem se completa. Como a literatura nunca fora para mim uma Bohemia, e somente um modesto Tibur para o espírito arredio, este sempre grande acontecimento da história individual não marca época na minha crônica literária.

A composição dos cinco últimos volumes das *Minas de Prata* ocupou-me três meses entre 1864 e 1865; porém a demorada impressão estorvou-me um ano, que tanto durou. Ninguém sabe da má influência que tem exercido na minha carreira de escritor, o atraso da nossa arte tipográfica, que um constante caiporismo torna em péssima para mim.

Se eu tivesse a fortuna de achar oficinas bem montadas com hábeis revisores, meus livros sairiam mais corretos; a atenção e o tempo por mim despendidos em rever, e mal, provas truncadas, seriam melhor aproveitadas em compor outra obra.

Para publicar *Iracema* em 1869 fui obrigado a editá-lo por minha conta; e não andei mal inspirado pois antes de dois anos a edição extinguiu-se.

De todos os meus trabalhos deste gênero nenhum havia merecido as honras que a simpatia e a confraternidade literária se esmeram em prestar-lhes. Além de agasalhado por todos os jornais, inspirou a Machado de Assis uma de suas mais elegantes revistas bibliográficas.

Até com surpresa minha atravessou o oceano, e granjeou a atenção de um crítico ilustrado e primoroso escritor português, o Sr. Pinheiro Chagas, que lhe dedicou um de seus ensaios críticos.

Em 1868 a alta política arrebatou-me às letras para só restituir-me em 1870. Tão vivas eram as saudades dos meus borrões, que apenas despedi a pasta auriverde dos negócios de estado, fui tirar da gaveta onde a havia escondido, a outra pasta de velho papelão, todo rabiscado, que era então a arca de meu tesouro.

Aí começa outra idade de autor, a qual eu chamei de minha *velhice literária,* adotando o pseudônimo de *senio,* e outros querem seja a da decrepitude. Não me afligi com isto, eu que, digo-lhe com todas as veras, desejaria fazer-me escritor póstumo, trocando de boa vontade os favores do presente pelas severidades do futuro.

Desta segunda idade, que V. tem acompanhado, nada lhe poderia referir de novo, senão um ou outro pormenor de psicologia literária, que omito por não me alongar ainda mais. Afora isso, o resto é monótono; e não passaria de datas, entremeados da inesgotável serrazina dos autores contra os tipógrafos que lhes estripam o pensamento.

Ao cabo de vinte e dois anos de gleba na imprensa, achei afinal um editor, o Sr. B. Garnier, que espontaneamente ofereceu-me um contrato vantajoso em meados de 1870.

O que lhe deve a minha coleção, ainda antes do contrato, terá visto nesta carta; depois, trouxe-me esta vantagem, que na concepção de um romance e na sua feitura, não me turva a mente a lembrança do tropeço material, que pode matar o livro, ou fazer dele uma larva.

Deixe arrotarem os poetas mendicantes. O *Magnus Apollo* da poesia moderna, o deus da inspiração e pai das musas deste século, é essa entidade que se chama editor, e o seu *Parnaso* uma livraria. Se outrora houve Homeros, Sófocles, Virgílios, Horacios e Dantes, sem tipografia nem impressor, é porque então escrevia-se nessa página imortal que se chama a tradição. O poeta cantava; e seus carmes se iam gravando no coração do povo.

Todavia ainda para o que teve a fortuna de obter um editor, o bom livro é no Brasil e por muito tempo será para seu autor, um desastre financeiro. O cabedal de inteligência e trabalho que nele se emprega, daria em qualquer outra aplicação, lucro cêntuplo.

Mas muita gente acredita que eu me estou cevando em ouro, produto de minhas obras. E, ninguém ousaria acreditá-lo, imputam-me isso a crime, alguma cousa como sórdida cobiça.

Que país é este onde forja-se uma falsidade, e para que? Para tornar odiosa e desprezível a riqueza honestamente ganha pelo mais nobre trabalho, o da inteligência!

Dir-me-á que em toda a parte há dessa praga; sem dúvida, mas é praga; e não tem foros e respeitos de jornal, admitido ao grêmio da imprensa.

Excedi-me além do que devia; o prazer da conversa...[2]

Maio de 1873.

José de Alencar.

2 Aqui ficou interrompida a frase final deste trabalho, já datado e assinado pelo seu autor.